AF313863

CATALOGUE
D'ESTAMPES
ANCIENNES ET MODERNES,
MONTÉES ET EN FEUILLES,
DES ÉCOLES D'ITALIE, DES PAYS-BAS ET DE FRANCE;

SUITES

DE FIGURES ET VIGNETTES POUR DIFFÉRENS OUVRAGES;

GALERIES de Florence, d'Orléans, du Luxembourg et de Versailles ; Volumes du Cabinet national, et autres Recueils, Planches gravées.

TABLEAUX, Miniatures, Dessins, Pantographe, Etuis de Mathématique, Microscopes, grand nombre de Bordures dorées, Papier blanc, Cartons lissés, etc.

LIVRES précieux à Figures, tels que les Voyages d'Italie, de la Grèce et de la Suisse ; le Tableau de l'Empire Ottoman ; le Nouveau Testament, très-grand *in-quarto*, Figures de Moreau, épreuves avant la lettre ; Œuvres de Voltaire et autres Ouvrages qui composoient

Le Cabinet et le fond de Commerce de feu le Citoyen DELORME,

ancien Relieur et Marchand d'Estampes.

Par F. L. REGNAULT.

CETTE Vente commencera le 17 Vindemiaire an sept, cinq heures de relevée, rue des Bons-Enfans, près le ci-devant Palais royal, numéro 12, et continuera les 18, 19, 21, 22 et 23 à pareille heure. On verra chaque matin, depuis onze heures jusqu'à deux heures après midi, les Objets qui seront vendus le soir.

Il se distribue, à PARIS,

Chez L. REGNAULT, Peintre et Graveur, rue du Fauxbourg Jacques, Cloître extérieur du Val-de-Grace, n.° 234;

MIDAVAINE, ancien Huissier-Priseur, rue Basse des Ursins, en la Cité, n.° 1.

SILVESTRE, rue des Bons-Enfans, n.° 12.

AN VIe DE LA RÉPUBLIQUE FRANÇAISE.

AVERTISSEMENT.

RENÉ-PIERRE DELORME, né à Paris en 1751, fils de Pierre Delorme, Relieur, suivit l'état de son père; les Estampes destinées aux Livres que sa Profession lui faisoit passer sous les yeux, secondèrent le penchant naturel qui l'attiroit vers les productions de la Gravure. Ce goût fortifié par les Ouvrages des meilleurs Maîtres, devint irrésistible; cédant à la noble passion qu'inspire les Arts, il quitta en partie l'état de Relieur, pour se livrer au Commerce des Estampes. Le désir de collecter les Chef-d'œuvres de la Gravure, le détermina à suivre cette carrière; à en juger par quelques Pièces de son Cabinet, on regrettera sans doute qu'une mort trop prompte l'ait empêché de réaliser le projet qu'il avoit conçu de former une Collection nombreuse, d'Ouvrages d'Artistes célèbres. *

L'amour des Estampes lui faisoit souvent refuser à des Prix très-hauts, la vente de morceaux de Maîtres anciens; consultant moins le cours du commerce, que son goût

____

* René-Pierre de Lorme est mort à Montreuil, près Paris, le 18 Germinal an 5.

dominant pour les belles chofes, il les accumuloit & achetoit plutôt en Amateur qu'en homme qui efpère réalifer avec bénéfice ; auffi dans les Eftampes qu'il a laiffé, on trouvera des épreuves doubles de plufieurs morceaux d'habiles Graveurs.

Les Amateurs accordèront aux Objets de mérite de ce Cabinet, les épithètes de belles & fuperbes, épithètes dont nous nous fommes abftenus, pour éviter des éloges fouvent infignifiants; le vrai connoiffeur forme fon opinion fans un tel fecours, l'homme moins inftruit peut être féduit un inftant par ce frêle appui ; mais guidé par l'Artifte éclairé, le preftige des éloges eft réduit à fa jufte valeur.

NOTA. Les Eftampes font divifées par Écoles; celles encadrées, défignées par une étoile placée près du numéro; les Suites de Vignettes, les Recueils, les Planches gravées, les Tableaux & les Bordures dorées (ces dernières en très-grand nombre) fe trouvent décrits à la fuite. Les Livres, la plupart d'éditions modernes (avec figures), terminent ce Catalogue, à la fin duquel on trouvera la Feuille indicative des numéros des Objets qui feront vendus dans chaque Vacation.

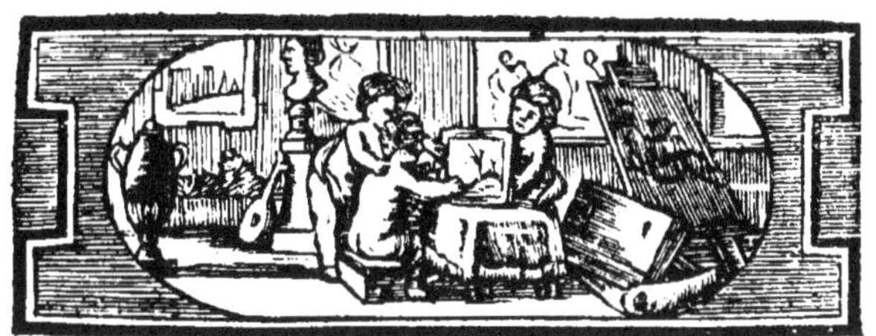

CATALOGUE

D'ESTAMPES

ANCIENNES ET MODERNES,

ENCADRÉES, EN FEUILLES ET EN RECUEILS;

SUITES DE VIGNETTES,

TABLEAUX, MINIATURES, DESSINS, BORDURES DORÉES;

LIVRES A FIGURES ET AUTRES,

QUI compofoient le Cabinet & le Fond de commerce, *de feu le citoyen DELORME*, ancien Relieur & marchand d'Eftampes.

ESTAMPES ENCADRÉES ET EN FEUILLES.

ECOLES FLORENTINE ET ROMAINE.

N° 1 DAVID & Goliath, & le Combat des quatre Cavaliers, d'après Daniel de Volterre & Léonard de Vinci, par Ben. Audran & Ger. Edelinck, &c.; cinq pièces.

A 3

2 Extafe de Saint François, deux différentes pieces ; la premiere compofée & gravée par Fran. Vannius, Sujet de demi-figure, d'ap. lui, par Aug. Carrache : plus, deux Payfages, d'après Franç. Zuccarelli, par Franç. Vivarès.

3* Vue de Paris, prife du Pont-Neuf, morceau, deffiné & gravé par Et. de Labelle.

4* La Sainte Famille, d'après le Tableau de Raphaël d'Urbin, qui fe voit au Muféum national ; piece gravée par Ger. Edelinck : épr. avant les armes de Colbert & avec toute fa marge.

5* La même Eftampe double ; épr. avant les armes.

6* La Vierge & l'Enfant Jéfus, accompagnés de Sainte Anne & du jeune Saint Jean, ce dernier eft careffé par le Sauveur, d'après le même ; par Franç. de Poilly.

7 La Vierge levant un voile qui couvre l'Enfant Jefus endormi (épr. avant la contre taille) ; & trois autres Sujets de Vierges, d'après le même, par Franç. de Poilly, Ger. Edelinck & Gil Rouffelet ; la première piéce eft connue fous le titre de *la Vierge au Linge.*

8 La Magdeleine conduite au Temple par Sainte Marthe, pour entendre les paroles de Jefus-Chrift ; *le Quos Ego* & neuf autres Sujets , d'après le même ; les deux morceaux énoncés gravés par Marc-Antoine , les autres par Et. Delaulne, Nic. Dorigny , &c.

9*La Transfiguration de Notre-Seigneur & la Defcente de Croix : le premier fujet d'après le Tableau de Raphaël d'Urbin, actuellement en France au Muféum national , l'autre d'après Daniel de Volterre, par Nic. Dorigny.

10 Quatre pièces; la Sainte Famille & la tranffiguration de Notre-Seigneur , d'après Raphaël d'Urbin, par Ger. Edelinck & Henr. Sim. Thomaffin.

11 Les Nôces de Cana , & Saint Paul dans l'Aréopage, d'après le même & Zucchéro ; par Nic. Dorigny & Jac. Matham, &c. dix-huit pièces.

12 Vue d'une partie du Lac de Trafimène, & le Temps orageux ; l'une d'après Guafpre Dughet, l'autre d'après J. Hon. Fragonard, par J. Mathieu ; épr. avant la lettre.

13 Moïfe, Maria, Aaron, Notre-Dame du

Roſaire & l'Homme condamné au travail, d'après Joſ. d'Arpin, Kar. Mander, Michel Ange de Caravage & Dom. Feti; par Jac Matham, Luc Vorſterman & Henr. Sim. Thomaſſin.

14 Départ de Jacob, Latone vengée & le Pouvoir de la Beauté, d'après Ph. Laur, par Th. Major, J. Balechou & W. Walker; ſept pièces, le ſecond Sujet eſt double, avant & avec la lettre.

15 Vénus careſſant l'Amour, d'après Jer. Pom. Battoni, par Ch. Porporati; épr. avant la lettre.

16 La même Eſtampe, épr. avec la lettre, mais avant l'adreſſe.

17 * La même Eſtampe.

18* Mort de Marc-Antoine, & Cléopâtre montrant à Auguſte le buſte de Jules Céſar, d'après le même, par J. Geor. Wille & L. Quirin Marck; celle du dernier eſt ſous verre.

ECOLE LOMBARDE.

19* La Vierge préſentant le ſein à l'Enfant Jeſus, auquel Saint Jean offre des fruits; d'après Ant. Corrège, par Fr. Spierre: Sujet de demi-figure dans une bordure ronde ; épr. avant les petits arbres dans le fond à droite.

20 La Nativité, petite Pièce compofée & gravée par Annibal Carrache ; la Sainte Famille, dite *aux Lunettes*, d'après lui, par Corn. Bloemaert, &c. dix pièces.

21 La Vierge connue fous le titre *du Silence*, d'après le même, par El. Heinzelman ; deux épr., l'une eft avec le petit fond de Payfage indiqué au trait feulement, & avant les noms des Auteurs.

22 La même Eftampe.

23* Le Chrift mort, d'après le Tableau du même, qui fe voyoit dans la collection d'Orléans ; grande pièce gravée par J. L. Roullet ; épr. avant la lettre.

24 Les faintes Femmes au Tombeau, d'après le même, & onze pieces par le Guide, Et. Picart, J. L. Roullet, &c.

25 La Nativité, compofition dans une bordure de forme octogone, d'après le Guide, par Franç. de Poilly ; épr. où le Payfage, les Anges, les mains, le col, partie du vêtement de Saint Jofeph, l'agneau d'un des bergers & la bordure, ne font qu'indiqués au trait.

26* La même Eſtampe; épr. avant les Anges,
la bordure au trait ſeulement.

27 La même Eſtampe; épr. avec les Anges
& le titre.

28 Dix Sujets ſacrés & profanes, compoſés
& gravés par le Guide; les Travaux
d'Hercule, quatre pièces, d'après ce
Maître, par Gil. Rouſſelet.

29 Agar renvoyée & l'Evanouiſſement d'Eſ-
ther, d'après J. Franç. Barbieri, *dit* le
Guerchin, par Rob. Strange, &c. dix
pièces.

30 Reſſurrection de Tabite, veuve de la
Ville de Joppé, d'après le même, par
Corn. Bloemaert.

31 Cupidon, La Mort de Turenne, d'après
Bart. Schidone & C. Palmieri, par Rob.
Strange & Th. Chambars; celle de ce
dernier eſt avant la lettre.

ECOLE VENITIENNE, &c.

32 Jeſus-Chriſt à table avec les Pélerins
d'Emmaüs, d'après le Tableau du Titien,
qui ſe voit au Muſéum national, par
Ant. Maſſon; ce morceau eſt auſſi connu
ſous le titre de *la Nape.*

33 La même Eſtampe.

34 Une épreuve de *la Nape* , idem.

35 Une autre idem.

36 Vénus couchée , Mercure & les Graces ,
& le Dieu de la guerre chaſſé par la
paix , l'abondance & la ſageſſe , d'après
le même & le Tintoret ; par Rob. Strange
& Aug. Carrache.

37 Vénus & l'Amour , d'après P. Caliari
Véronèſe , par P. Vitali ; épr. avant la
lettre.

38 Le Déluge , d'après Alex. Véronèſe ,
par Edelinck ; deux épr.

39 Le Devoir naturel , ſur un deſſin de
Lawi , par Ch. Porporati , &c. douze
pièces.

40 Thalie , demi-figure , par Raph. Mor-
ghen.

41 Seize pièces , la plupart par le Benedette
& d'après lui.

ÉCOLE FLAMANDE.

42 Quatre-vingt Pièces , Scènes burleſques
& familières , Tabagies , le Bailleur , &c.
d'après les Breughel.

43 La Nativité ; pluſieurs ſujets de Saintes-
Familles & les Saintes-Femmes au tom-

beau, d'après Barth. Spranger, par les Sadeler, J. Muller & autres ; treize pièces.

PIÉCES D'APRÈS PIERRE-PAUL RUBENS.

Sujets de l'Ancien Teſtament.

44. Le Serpent d'airain, par S. à Bolswert ; épr. avant les travaux terminés près des armes & ſans adreſſes, numéro 16. (1).

Sujets du Nouveau Teſtament.

45 Le Mariage de la Vierge, numéro 1 ; quatre différentes Compoſitions du ſujet de la Nativité : par S. à Bolswert, Luc Vorſterman & P. Pontius, numéros 6, 7 & 10.

46 La Viſitation, par P. de Jode, n.° 4.

47 * La Nativité, par J. Witdoeck, n.° 11 ; épr. avec l'adreſſe d'Hen. Witdoeck.

48 L'Adoration des Rois, par Luc Vorſterman, Pièce de deux feuilles, n.° 23.

49 L'Adoration des Rois, (quatre compoſitions différentes) & la fuite en Égypte, par Nic. Lauwers, H. Witdouc, Ad.

─────────────

(1) Voyez pour ce numéro & ceux placés à la ſuite des Pièces gravées d'après ce Maître, le Catalogue de ſon Œuvre ; édit. de Baſan. Paris, 1767, 1 vol. in-12.

Suite des Pièces d'après Rubens.

Lommelin & Luc Vorsterman, numéros 17, 18, 19, 23 & 30.

50 Herodiade présentant à sa Mère la tête de Saint-Jean ; celle-ci la montre à Hérode, par S. à Bolswert, n.° 41 : ce morceau est aussi connu sous le titre de *Festin d'Hérode.*

51 * La Résurrection du Lazare & la Cêne, par B. à Bolswert, n.° 61 & 62.

52 * Jésus donnant les Clefs à Saint-Pierre, la Magdeleïne chez le Pharisien, Jésus devant Pilate, le portement de Croix & le Christ, dit au coup de poing; par P. de Jode, Mich. Natalis, S. à Bolswert, P. Pontius, &c. numéros 50, 55, 74, 75 & 89 : le dernier morceau est sous verre.

53 Trois différentes compositions du sujet de la descente de Croix, par P. Clouwet, Coenr. Waumans, & Lucas Vorsterman, numéros 97, 98 & 99.

54 Le Christ au tombeau, par P. Pontius, numéro 101, & la Chûte des Réprouvés, par J. Suyderhoef : cette seconde est avant les draperies, numéro 127.

55 * La Conversion de Saint-Paul, par S. à Bolswert, numéro 114, du Catalogue d'Hecquet.

Suite des Pièces d'après Rubens.

56 La Converſion de St. Paul, ép. double.

57 *Chriſti Funus*, par P. Pontius; deux
autres compoſitions du Chriſt au tombeau, par P. Soutman & Nic. Rick-
mans; la Chûte des Réprouvés, (Pièce
de deux feuilles), & les Évangéliſtes,
par J. Suyderhoef, & S. à Bolswert,
numéros 101, 107, 108, 127 & 128.

Hiſtoires & Allégories Sacrées.

58 Les Quatre Pères de l'Égliſe & les Pères
de l'Égliſe & Sainte-Claire, par Corn.
Galle & S. à Bolswert, num. 2 & 4.

Sujets de Vierges.

59 Immaculée Conception, deux différents
Sujets de l'Aſſomption, & le Couronnement de la Vierge, par S. à Bolswert,
Ad. Lommelin & Corn. Viſſcher,
num. 1, 5, 13 & 18.

60 Quatre Sujets de Vierges, par P. de
Jode & S. à Bolswert, num. 33, 34,
44 & 55.

61 Six autres Sujets de Vierges, par P. de
Jode, *exc.* J. Witdoeck, Corn. Galle &
Van de Leeuw, numéros 32, 33, 40,
50, 63 & 64.

Suite des Pièces d'après Rubens.

Sujets de Saints & Saintes.

62 Martyres de Saint Liévin & de Saint Laurent, Saint Roch & les Pestiférés, Saint Thomas, martyr aux Indes, par Corn. Van-Caukerken, Luc. Vorsterman, P. Pontius & Jacob Néefs; n°ᵉ. 36, 37, 44 & 48. Plus, Sainte-Anne ou l'éducation de la Vierge, Sainte Catherine & Sainte Thérèse aux pieds de Nôtre Seigneur, par S. à Bolswert & P. P. Rubens, n°ˢ. 2, 15 & 33.

Sujets de la Fable.

63 Le Repos de Diane, & les trois Graces, par J. Louys & P. de Jode, n°ˢ. 9 & 12.

64 Enlèvement d'Hipodamie, le Retour de Chaffe, le Jugement de Pâris & Progné; par P. de Bailliu, S. à Bolswert, Ad. Lommelin & Corn. Galle, *exc.* n°ˢ 15, 26, 29 & 36.

65 Enlèvement de Proserpine, Vénus fur les eaux, la même allaitant les Amours, la même & Adonis, trois Suj. de Bacchanale & Silène ivre; par P. Soutman, Corn. Galle, P. J. Taffaert, J. Suyderhoef & S. à Bolswert; n°ˢ. 37, 43, 44, 51, 54, 64 & 66.

Suite des Pièces d'après Rubens.

66 Marche de Silène, par Nic. Delaunay;
épr. doubles avant & avec la lettre.

Hiſtoires, allégories, Sujets particuliers, &c.

67 Thomiris, par P. Pontius, num. 22.

68 Une épreuve double de la même Pièce.

69 Jardin de plaiſance de Vénus, par **P.**
Clouet; num. 39, épr. avec les vers
flamands.

70*Le Pot à feu, la Fête flamande, la
Nature embellie par les Graces (Pièce
de deux feuilles), & des Soldats faiſant
tapage; par Ch. Fréd. Boèce, Etienne
Feſſard, Corn. Van-Dalen *Junior*, &
Franç. Vanden Wyngaerde, nᵒˢ. 49,
52, 56 & 63. Plus, le Portrait d'Iſa-
belle, Infante d'Eſpagne, par P. Pontius,
num. 36 des Portraits; le ſecond Sujet
eſt ſous verre.

Différentes Suites.

71*La Chaſſe aux Lions, par S. à Bolſwert,
num. 21; première des douze Chaſſes.

72 La même Eſtampe double, la Chaſſe aux
Lions & aux Tigres (deuxième de la
Suite des Chaſſes); le Faune ivre, Sujet
en bas-relief, (du nᵒ. 16), par J. Suyderhoef & Théo. Van-Keſſel.

73.

73 Le Couronnement de Marie de Médicis,
gravé par J. Audran ; treizième morceau
de la Galerie du Luxembourg, n.° 14.

---

74 Le Reniement de Saint Pierre, d'après
Ger. Seghers ; par S. à Bolſwert.

75 Retour d'Egypte, Martyre de Sainte
Apolline, Jupiter & Mercure chez Phi-
lemon & Baucis, Mercure & Argus, &
le Concert, d'après Ger. Seghers & Jac.
Jordaens, par S. à Bolſwert, Ign.
Marinus & Nic. Lauwers.

76 Le Couronnement d'épines ; d'après Ant.
Van-Dyck, par S. à Bolſwert.

77 Le Chriſt (dit *à l'Éponge*) ; autre près
duquel ſe voit un Capucin, d'après le
même, par S. à Bolſwert & P. de
Bailliu ; le premier Sujet ſans la dédi-
cace à Fr. de Montcada eſt avec la
main de Saint Jean poſée ſur l'épaule
de la Vierge.

78 Le Chriſt mort, la Vierge (dite à la
danſe des Anges), & la plus belle des
Mères, d'après le même, par Luc. Vorſterman, S. à Bolſwert & J. Maſſard ;
le dernier Sujet eſt avant la lettre.

79 La Communion de Saint Bonaventure, le
Mariage de Sainte Roſalie & la Marche

de Silène, d'après le même; par Franç.
Vanden Wyngaerde *exc.* P. Pontius
& S. à Bolſwert.

80 Beliſaire, & deux Sujets de Renaud &
Armide, d'après le même, par L. Ger.
Scotin, P. de Jode & P. de Bailliu.

81 * L'Enfant prodigue, les Œuvres de miſé-
ricorde, Fêtes & Réjouiſſances flamandes, d'après D. Teniers, par Jac. Ph.
le Bas; les deux derniers morceaux ſont
ſous verre.

82 Troiſième & quatrième Fêtes Flamandes,
&c. par les mêmes & Th. Major; trois
grandes pièces.

83 Quinze pièces; Fêtes flamandes, Scènes
familières, Payſages, &c. d'après le
même, la plupart par Jac. Ph. le Bas;
ſont avant la lettre.

ECOLE HOLLANDAISE.

84 * Deux pièces; l'Age d'or, d'après Ab.
Bloemaert, par Th. de Bry.

PIÈCES PAR PAUL VAN-RHYN REMBRANDT.

85 Le Portrait de Rembrandt; deux épr.
avec différences, n°. 27 (2); plus, douze
Sujets, la plupart du Nouveau Teſtament; pluſieurs de ces morceaux ſont
gravés par ce Maître.

(2) Voyez pour ce n°. & ceux des articles ſuivans,
le Catalogue de l'Œuvre de ce Maître, fait par Ger-

Suite des Pièces de Rembrandt.

86 Notre-Seigneur guérissant les Malades , morceau connu sous le titre de *Pièce de cent Florins*; n°. 7 , ancienne épr.

87 *Ecce Homo* , ou le Christ présenté au Peuple, & la Descente de Croix, grands morc. en hauteur; n°s. 83 & 84 , ancien. épr. avant l'adresse d'Ulenburgensis.

88 Portraits de Fautrieus , Clément de Jonghe (épr. avec différences), Abraham France, Jean Lutma (épr. & contre-preuve), Asselin & Wtenbogardus ; n°s. 250, 252, 253, 256, 257 & 259.

89 Vingt-trois petits Portraits ; Têtes de jeunes Hommes & de Vieillards, &c.

---

90 Saint Jérôme, une Tabagie, huit Sujets de Bambochades & dix-huit pièces des Métiers, par Jean-George Van-Uliet.

91 Instruction paternele, d'après Ger. Terburg , par J. Geor. Wille ; trois épr. une avant la lettre & la bordure , & deux avec la lettre.

92 Treize Sujets , Paysages & Animaux , à l'eau-forte, par C. Dufart, J. Ruysdal, & J. Fyt.

---

faint , & mis au jour par Helle & Glomy ; Paris , 1751, 1 vol. in-12.

93 La Fricaſeuſe, pièce compoſée & gravée par Corn. Viſſcher n°. 14 (3); épr. avant le nom Clément de Jonghe.

94 Le Marchand de mort-aux-rats & la Bohemienne ou la Nourice, par le même; n°ˢ. 15 & 16.

95 La Tabagie ou le Violonneur, par le même, d'après Ad. Brouwer, n°. 26.

96* Trois pièces, la Fricaſſeuſe, le Marchand de Mort-aux-Rats, Charles Guſtave, Roi de Suède & ſa nouvelle Epouſe, dans leur chambre nuptiale, par le même; n°ˢ. 14, 16 & 44; le der. Suj. eſt ſous verre.

97 La Liſeuſe, la Devideuſe, l'Obſervateur diſtrait & la Tricoteuſe Hollandaiſe, d'après Ger. Douw & Fr. Mieris, par J. Geor. Wille.

98* La Partie de plaiſir, d'après J. Bapt. Wéeninx, par Nic. Delaunay; deux épr. avant la lettre, une eſt ſous verre.

99 Quinze pièces, Départs & Retours de Chaſſes, &c. d'après Ph. Wouwermans, par J. Moyreau & autres.

100 Quarante-huit pièces, Payſages & Animaux, compoſés & gravés par Nic. Ber-

---

(3) Voyez pour ce numéro & ceux des articles ſuivant, le Catalogue de l'Œuvre de ce Maître, édit. de Baſan. Paris, 1767, 1 vol. in-12.

ghem, & d'après lui, par Corn. & J.
Vifſcher, J. Suyderhoef, Th. Major,
Jac. Ph. le Bas & autres.

101 Le Bal, par J. Vifſcher; deux autres
morceaux, d'après le même, par Th.
Major & Jac. Aliamet.

102 Le Rachat de l'Efclave, d'après le même,
par Jac. Aliamet; épr. avant la lettre.

103 Ancien Port de Gênes, Embarquement
des vivres, &c. par les mêmes; cinq
pièces.

104 Retour à la Ferme & les Dryades, d'après
le même, par Jac. Ph. le Bas; épr. avant
la lettre, &c.; quatre pièces.

105 Onze grandes Pièces, d'après Berghem;
Chaffe au Cerf & Payfages, par Jac.
Aliamet & Th. Major.

106 Le Feſtin efpagnol, d'après Palamède,
par L. Sim. Lempereur; deux épr.

107 La Mort d'Abel, d'après Adrien Vander
Werf, par Ch. Porporati; épr. avant
la lettre.

108 Agar renvoyée, d'après Ph. Van-Dyck,
par Ch. Porporati; deux épr. avant la
lettre.

ECOLE ALLEMANDE, &c.

109 Deux cents petites pièces, par H. Al-
degrever, Seb. Beham ; Jac. Binck ;
Th. de Bry ; V. Dirick, Virgilius Solis
& autres Maîtres anciens, dont l'Age
d'Or & le Bal de Veniſe ; épr. encadrées.

110 Cent trente pièces, Sujets de l'Ancien
& du Nouveau Teſtament, ſuites de
figures emblématiques & allégoriques,
Traits fabuleux, &c. compoſés & gravés par Henr. Gotlzius & d'après lui,
par Adr. Collaert, Jac. Matham, J.
Saenredam & autres.

111 Trente trois Pièces, Sujets, Payſages,
Têtes, &c. à l'eau-forte, par Vencеſ.
Hollar.

112 Le Joueur de Trictrac & la Femme qui
file près de ſon Mari qui dévide, d'après
Ad. Van-Oſtade, par J. Viſſcher.

113 Le Coup de Couteau & Deux Sujets
de Tabagie, d'après le même, par J.
Suyderhoef, J. Viſſcher, & Geor. Fréd.
Schmidt ; celles des derniers ſont ſans
lettre.

114* Le Concert de Famille, d'après God.
Sckalken, par J. Geor. Wille ; épr.
avant la lettre.

115 *La même Eſtampe , avec la lettre.

116 Agar préſentée & Agar répudiée, d'après Ch. W. Ern. Dietricy , par J. Geor. Wille & J. Jac. Leveau ; épr. avant la lettre.

117 Notre-Seigneur à la Piſcine, d'après le même, par J. Jac. Flipart, trois épr. deux ſont avant la lettre , la troiſième avec la lettre, mais avant l'adreſſe.

118 Les Muſiciens ambulants & les Offres réciproques, d'après le mème , par J. Geor. Wille.

119 *Vue de la ville de Rome, d'après Jac. Ph. Hackert, par Geor. Hackert.

120 Suppreſſion des Moines en Allemagne, & Guillaume Tell, d'après L. Defrance, de Liége & Fuessli, par C. G. Guttenberg; épr. avant la lettre.

121 *Une Marine , d'après R. Paton & J. Mortimer, par W. Woollett.

---

122 *La Chaſſe aux Cerf, piece en largeur, compoſée & gravée par Jac. Callot, épr. avant l'adreſſe.

123 La Vierge dite aux Raiſins , la maladie

d'Alexandre & les Joueurs, d'après P. Mignard, Euſ. le Sueur & le Valentin, par J. L. Roullet, J. Audran & Cl. Don. Jardinier ; celle du dernier eſt avant la lettre.

124 * La Magdeleine Pénitente, d'après Ch. Lebrun, par Ger Edelinck ; épr. avant la bordure.

125 Les Batailles d'Alexandre, d'après Ch. Lebrun ; cinq grandes pièces, par Ger. Audran & Ger. Edelinck, (ſeize feuilles).

126 La même ſuite double.

127 La même ſuite, de moyen format, par J. & Ben. Audran ; Six pièces.

128 La Tente de Darius, (grande Pièce en deux feuilles), d'après le même, par Ger. Edelinck ; épr. avant le nom de Goyton.

129 Suſanne au Bain, d'après J. Bapt. San-terre, par Ch. Porporati ; épr. avant la lettre.

130 La même Eſtampe ; épreuve avec la lettre, mais avant la réception.

131 Rebecca, d'après Ant. Coypel, par P. Drevet ; épr. avant la contre-taille ſur le nuage.

132 Deux épreuves de la même Eftampe ;
elles font avant la contre-taille.

133. L'Évanouiffement d'Efther, d'après le
même, par J. Audran.

134 La Préfentation au Temple, d'après L.
de Boullongne, par P. Drevet.

135 La même Eftampe double.

136 La même Eftampe.

137 Le Coucher, d'après Jac. Vanloo, par
Ch. Porporati ; épr. avant la lettre, &
fur papier de foie.

138 La même Eftampe avant la lettre, fur
papier ordinaire.

139 La même Eftampe avec la lettre.

140* Le Maffacre des Innocents (épr. avant
la couronne), Supplice de Marie Stuard
en 1587, celui de Charles Ier, en 1649,
& deux Lettres grifes, deffinées & gravées par Bern. Picart.

141* L'Ifle de Cythère, d'après Ant. Watteau,
par Vinc. Mar. Picot.

142 L'Agonie de Notre-Seigneur au Jardin
des Oliviers, d'après J. Reftout, par
P. Drevet.

143 Sainte-Geneviève, d'après C. Vanloo,
par J. Balechou ; épr. avant la lettre,

avec le colier blanc & avant le changement fait au bas du jupon.

144 La même Eſtampe avec la lettre, mais avant les tailles ſur le titre.

145 La Lecture & la Converſation Eſpagnoles, d'après le même, par Jac. Firm. Beauvarlet; épr. avant la lettre.

146 Les mêmes Eſtampes doubles.

147 * Le Port de S. Péterſbourg, d'apres J. Bapt. Leprince, par Jac. Ph. Lebas; épr. avant la lettre.

148 La Tempête, le Calme & les Baigneuſes, d'après Joſ. Vernet, par J. Balchou, la première eſt avant la contre-taille ſous l'arcade de l'arc de triomphe & ſur le rocher, l'orage continué, & l'adreſſe de Buldet; la ſeconde avant la lettre.

149 Les mêmes Eſtampes doubles; les deux premières ſont avant les tailles ſur les dédicaces & avant l'adreſſe de Buldet.

150 Les mêmes Eſtampes, le Calme eſt avant la lettre.

151 * Les Baigneuſes & le Calme, par les mêmes.

152 Onze Pièces, Marines & Payſages, d'après le même, par J. Balechou,

P. Benazech, L. J. Cathelin, J. Ph.
Lebas & Th. Major.

153 Les Ports de France, d'après le même,
par Jac. Ph. Lebas & Ch. Nic. Cochin
fils; Seize Pièces.

154 La même suite, manque pour completter
les seize Ports, les numéros 13 & 14.

155*La Demande acceptée, & la première
Leçon d'amitié fraternelle, d'après Nic.
Ber. Lépicié & Et. Aubry, par Ch. Cl.
Bervic & Nic. Delaunay; épr. avant
la lettre.

156 Les mêmes Eſtampes doubles; épr. avant
la lettre.

157 Dédale & Icare, d'après J. Mar. Vien,
par J. Geor. Preiſler.

158 L'Accordée de Village & le Paralytique,
d'après J. Bapt. Greuze, par J. Jac. Flipart; épr. avant la lettre.

159 Les deux mêmes Eſtampes doubles &
la Dame bienfaiſante, d'après le même,
la dernière par J. Maſſard; épr. avant
la lettre: l'épr. de l'Accordée eſt avec
les armes à l'eau-forte.

160 La Mère bien-aimée & la Dame bienfaiſante, d'après le même, par J. Maſſard;
épr. avant la lettre: la feconde eſt fur
papier de foie.

161 Dix - huit grandes pièces , d'après le même, par J. Jac. Flipart, J. Maſſard & Rob. Gaillard ; cinq ſont avant la lettre.

162* Le Sacrifice de Callirhoé, d'après J. Hon. Fragonard , par Jér. Danzel ; épr. avant le cuivre coupé.

163 La bonne Mère , d'après le même, par Nic. Delaunay ; épr. avec le cercle blanc.

164 Le Serment d'Amour & la bonne Mère, d'après le même , par J. Mathieu & Nic. Delaunay.

165 Les mêmes Eſtampes doubles.

166 Trois pièces , par les mêmes ; le Serment d'Amour , avec la lettre écrite à la main , &c.

167 La Gimblette , d'après le même , par le Grand ; épr. avant la lettre.

168* Dernier moment de Démoſtène, d'après Moitte, par Franç. Janinet ; épr. avant la lettre & colorée.

169 Coriolan , Pénélope & Ulyſſe, d'après J. Jac. Fr. le Barbier, par J. Jac. Avril ; le premier ſujet eſt avant la lettre.

170 Canadiens au Tombeau de leur Enfant, d'après le même , par Fr. Rob. Ingouf.

171 Deux épreuves de la même Eſtampe.

172 Vénus liant les aîles de l'Amour, d'après
L. Elif. Vigée le Brun, par Ch. Geor.
Schultze ; épr. avant la lettre.

173 La même Eſtampe, auſſi avant la lettre.

174 La même Eſtampe, avec la lettre.

175 * Le Retour du Laboureur & la Liberté
du Braconnier, d'après Ch. Benazech,
par Fr. Rob. Ingouf ; épr. avant la lettre :
le premier ſujet eſt ſous verre.

176 La Liberté du Braconnier, d'après le
même ; deux épr. avant & avec la lettre.

177 Le Pélerinage à Saint Nicolas, d'après
Delaunay de Bayeux, par J. Mathieu ;
épr. avant la lettre.

178 La même Eſtampe ; deux épr. avant &
avec la lettre.

ESTAMPES DE DIFFÉRENS MAÎTRES.

179 Cent cinquante pièces ; Sujets, Suites
de Payſages, Ruines, Etudes, &c. com-
poſées & gravées à l'eau-forte, par de
Labelle.

180 Dix-neuf pièc. ; la Bataille de Conſtantin,
d'après Raphaël, par Aquila ; morceau
en quatre feuilles, &c.

181 Dédale & Icare, & différens Sujets de
Saints, d'après J. Romain & le Correge ;

la premiere par de Larue de l'Epinai ;
épr. en couleur, onze pieces.

182 * Trois pièces ; Jupiter & Leda, le même,
& Danaé, &c. d'après le Correge, par
Duchange.

183 Dentatus refusant les Préfens des Sam-
nites, d'après Cortone, par Walker, &c.
douze pièces.

184 Peintures de la Coupole de l'Eglife Sainte
Agnes, à Rome, d'après Ciro Ferri, par
Dorigny, &c. dix-huit pièces.

185 Trente-une pièces, dont les Camaldules,
d'après Sacchi, par Frey.

186 * Apollon couronne le Mérite & punit
l'Arrogance, d'après Sacchi, par Strange ;
autres d'après Romanelle, Lotti & le Feti ;
quatre morceaux.

187 * Tabite, d'après le Guerchin, par
Bloemaert ; autre d'après le Baffan ; deux
pièces.

188 Cent quarante pièces, d'après le Prima-
tice, le Guerchin, le Guide, le Titien,
le Tintoret & autres.

189 Trente-fix Pièces, la plupart d'après
Spranger, Sujets & Payfages, par les
Sadeler, Muller & autres.

190 Quatre-vingt Pièces, Payfages, d'après
Paul Bril, &c., par différens graveurs.

191 Dix-huit Pièces, Sujets de l'Ancien & du Nouveau Teſtament, d'après Rubens, par Vorſterman, les Bolſwert, Pontius, de Jode & autres.

192 * La Nativité, le Martyre de S. Laurent & S. Roch, d'après le même, par Vorſterman & Pontius; la première eſt ſous verre.

193 Dix-huit Pièces, Sujets de Vierges, de Saints & Saintes, d'après le même.

194 Vingt-une Pièces, Sujets de l'Hiſtoire Sacrée, d'après le même.

195 *Ecce Homo*, *Chriſti funus*, & la converſion de S. Paul, d'après le même, par Galle, Pontius & Bolswert.

196 Seize Pièces, Thomiris, d'après le même, par Pontius, &c.

197 * La Fête Flamande et la Chaſſe aux Lions, d'après le même, par Feſſard & Bolſwert.

198 Le Reniement de S. Pierre, d'après Seghers, par Bolswert; plus, vingt-une Pièces, d'après Rombouts & Jordaens.

199 * Le Couronnement d'Epines, le Chriſt mort, la Vierge dite à la danſe des Anges, &c., d'après Antoine Van-Dyck, par Bolſwert & Vorſterman; cinq Pièces : une ſous verre.

200 * Renaud & Armide, &c., neuf Pièces, d'après le même; la première par de Jode, est sous verre.

201 * Vingt-une Pièces, Sujets & Paysages, d'après le même, Van Thulden, Teniers & Champagne ; Hérodiade, par Quirin Marck, pièce sous verre.

202 Trente-deux Pièces, d'après Ab. Bloemaert ; autres, par de Hooge, &c., sujets sacrés & profanes.

203 Seize Sujets & Têtes, d'après Rembrandt; autres, par Corn. Visscher, &c.

204 Instruction Paternelle, Écureuse, Devideuse, Charlatan & Partie de Plaisir, d'après Terburg, G. Douw, Dujardin & Wéeninx, par Wille, David & Nic. Delaunay ; deux sous verre.

205 Mort d'Abel, Agar reçue, Agar renvoyée, par Porporati, d'après Vander-Werf et le Petit Van-Dyck, &c.

206 * L'Embarquement des Vivres & le Retour à la Ferme, d'après Berghem, par Lebas.

207 Trente-six Pièces, d'après le même, Wouwermans, &c.

208 Cent Pièces, sujets sacrés & profanes, par Goltzius & autres,

209 Dix Pièces, d'après Oſtade, le Bal & le Coup de couteau, par Suyderhoef; &c.

210 Cinquante Sujets & Payſages, compoſés par Oſtade, la plupart gravés à l'eau forte par cet artiſte.

211 *Dix-ſept Pièces, Jeune Joueur d'Inſtrument, Petit Phyſicien, Muſiciens ambulans, d'après Sckalken, Netſcher, & Diétricy, par Wille; ſix ſont ſous verre.

212*Dix Pièces, Sujets, Payſages & Marines, par Ryland, Bartolozzi, Scorodoomoff, Rooker, Canot & autres; quatre ſont ſous verre.

213 Dix Pièces, Scenes familières, d'après Lavreince, Schall & autres, par Janinet, Dequevauvillier, &c.

214 *Cent cinquante morceaux, Sujets de l'Ancien & du Nouveau Teſtament, Payſages, Marines, Vues de Paris, Suites de Figures, &c., compoſés & gravés par Callot; trois ſont ſous verre.

215 Vingt-ſept Pièces, d'après le Pouſſin, le Sueur & autres, dont les Sept Sacremens, par Audran.

216 Le Chriſt mort, d'après le Bourdon, par Boulanger; ancien Port de Meſſine,

& Georgiennes au bain , d'après le Lorrain & la Hyre ; la première eſt ſous verre ; la dernière double , avant & avec la lettre , eſt gravée par Godefroy.

217 La Peste, la Vierge dite aux Raiſins , & la Famille de Darius , d'après Mignard , par Roullet , Audran , Edelinck & Drevet, &c. ; Huit Pièces.

218 Le Chriſt-aux-Anges , d'après Lebrun , par Edelinck ; pièce en deux feuilles , &c. quatorze morceaux.

219 La Magdeleine, par les mêmes ; deux épr. une encadrée , l'autre en feuille , &c. treize pièces·

220 Pluſieurs ſuites des Batailles d'Alexandre , en cinq grandes Pièces de ſeize feuilles , par les mêmes , & G. Audran.

221 Pluſieurs ſuites des mêmes Batailles , plus , la Bataille & le Triomphe de Conſtantin , huit moyennes pièces , d'après le même , par J. & B. Audran.

222 * Le Denier de Céſar & les Joueurs, d'après le Valentin , par Baudet & Jardinier.

223 Aman arrêté par ordre d'Aſſuerus , & Angélique & Medor , d'après Detroy & Raoux , par Beauvarlet & Delaunay ; épr. avant la lettre.

224 * Rebecca, d'après Coypel ; autres Pièces,

d'après Jouvenet, Colombel, &c.; la première, par Drevet, est sous verre.

225 Sujets sacrés & profanes, Batailles d'A-lexandre, Entrée de ce Héros dans Ba-bylône, les Conquêtes, l'Académie des Sciences & des Beaux Arts, la Pierre du Louvre, l'Arc de Triomphe de la porte Saint-Antoine, le Temple d'Isis, Suites des Médailles, &c.; environ huit cents Pièces, par le Clerc. Il se trouve dans ce nombre quelques copies & des épr. doubles, quatre sont sous verre.

226 Supplice de Marie Stuart, celui de Charles Ier. & cent quarante Pièces; Suites de Lions, Sujets, Vignettes, Lettres grifes, &c., par B. Picart; les deux premiers morceaux sont sous verre.

227 La Préfentation au Temple, d'après Boullongne, par Drevet.

228 Dix-huit Pièces, la plupart d'après Le-moine & Vanloo, par Cars, Beau-varlet, Strange, Lempereur & autres; Hercule & Omphale, l'Amour, la Lecture & la Converfation efpagnoles, &c.

229 * La Confidence & la Sultane, Clairon dans le rôle de Médée, d'après Vanloo, par Beauvarlet.

230 Hercule & Omphale, d'après Dumont
le Romain, par Miger ; huit pièces.

231 * Six Pièces, Scènes familières, d'après
Baudouin ; autres, d'après Jeaurat &
Boucher.

232 Huit Sujets de Scènes familières, d'a-
près Beaudouin, la plupart épr. avant
la lettre.

233 Les Délices de l'Eté, les Nappes d'eau,
&c. d'après le Prince, par Liénard &
Godefroy ; huit pièces.

234 Douze pièces, Scènes Ruſſes, d'après
le même, &c.

235 Hercule & Diomède, d'après Pierre ,
par Haas, &c. ; dix pièces.

236 Trente - quatre pièces, Marines, Pay-
ſages, Ports de France, &c. d'après
Vernet, par Balechou, le Bas, Cochin,
Aliamet & autres.

237 Trente-huit pièces, Lycurgue, l'Enlèvement des Sabines, le titre de l'Encyclopédie, &c. d'après Cochin, par Demar-
teau, la citoyenne Lingée , Prévoſt &
autres ; la première eſt avant la réception
à l'Académie.

238 Huit pièces, d'après Vien, par Flipart,
Beauvarlet , Preiſler & le Grand ; Chaſte
Suſanne, Dédale & Icare, le Repos, &c.

239 Quatorze Payſages & Ruines, d'après
Robert, de Machy & Loutherbourg,
par Janinet, Laurent, &c.

240 * Le Père de famille liſant la Bible &
la petite Fille au Chien, par Martenaſie
& Porporati, &c. d'après Greuze; huit
pièces, quatre ſous verre.

241 Ménade ſortant des Bacchanales, & le
Satyre impatient, d'après Berthelmi &
Carêſme, par Anſelin, &c. douze pièces.

242 Le Bouton de roſe, la Curieuſe & la
Bouteille caſſée, d'après Wille & Bou-
nieu, &c. neuf pièces.

243 Le Retour du Laboureur, d'après Benazech, par Ingouf; plus, dix-huit Sujets & Payſages de graveurs modernes.

244 L'Amour réduit à la raiſon, & la Ruſe
d'Amour, d'après Prudhon & Mou-
chet, par Copia & d'Arcis, ſix
Pièces; le premier ſujet eſt avant la
lettre.

245 Leçon d'Humanité, d'après Drolling,
par Morel, &c., ſix Pièces.

246 Vingt-trois Pièces, Marines, Vues
de Paris, Fêtes & Cérémonies publi-
ques, &c.

247 Un Porte-Feuille de Sujets de genre,

Payſages , Études en manière de crayons , &c., dont on formera des lots dans chaque vacation.

248 Diverſes Eſtampes anciennes & modernes, montées & en feuilles, feront pareillement diviſées.

PORTRAITS.

249 Charles Iᵉʳ. & ſa famille, d'après Ant. Van Dyck, par J. Maſſard; deux épr.

250 * Lord Manſefield, portrait en pied, par Martin.

251 Louis Philippe-Joſeph d'Orléans, d'après Joſ. Reynolds, pièce en manière noire, par J. R. Smith.

252 Champagne, Lebrun, Colbert & Quinault, par Ger. Edelinck.

253 Lamothe, le Vayer, Chriſtine de Suède, &c., par Rob. Nanteuil; cinq Portraits.

254 Lamothe Fénélon, d'après Vivien, par P. Drevet.

255 Le même Portrait double.

256 Henri d'Harcourt, d'après N. Mignard, par Ant. Maſſon , épr. avant le n°. Portrait connu ſous le titre de Cadet à la Perle.

257 * Le même Portrait, épr. double.

258 * Guillaume de Brifacier, par les mêmes; épr. avant la lettre.

259 Le Portrait de Guil. de Brifacier; épr.
double avec la lettre, mais avec les
fautes dans l'infcription; cinq autres,
par le même, Charrier, Dupuis, &c.

260 Madame de Maintenon, d'après P.
Mignard, par Et. Ficquet.

261 Le Portrait de la même, ceux de Def-
cartes, Montaigne, P. Corneille, Mo-
lière, Crebillon, Voltaire & J. Jac.
Rouffeau, par Et. Ficquet; le dernier
Portrait eft avant la lettre.

262 Madame de Maintenon, Montaigne,
P. Corneille, Regnard, J.-Bapt. & J. J.
Rouffeau, Voltaire & Eifen, par le
même.

263 Sept Portraits, par le même & P. Savart.

264* Benigne Boffuet, d'après H. Rigaud,
par P. Drevet, épr. avant l'entre-taille
& la troifième taille, continués au haut
du fauteuil, ainfi nommée, épr. avec le
fauteuil blanc.

265* Le Portrait du même, épr. avant les
points; quatre épr. une fous verre.

266 Louis XIV , le maréchal de Villars , Samuel-Bernard , Boileau , les Cardinaux Fleuri & Dubois , & Rob. de Cotte , d'après Rigaud , par Drevet.

267 M . d'Orléans , par les mêmes.

268 Auguſte III , roi de Pologne , d'après le même, par J. Balechou ; épr. avant le mot à Paris, l'année **1750**, placée ſous le nom du graveur & le titre de chevalier de Saint-Michel, après celui du peintre.

269 La même eſtampe , double.

270 Adrienne Lecouvreur , d'après Ch. Coypel , par P. Drevet ; épr. avant la lettre.

271 La même Eſtampe , épr. avec la lettre, mais avant l'e au mot modèle.

272 Treſſan , archevêque de Rouen au pied de la Vierge, d'après Vanloo , par P. Drevet, &c.; trois Pièces.

273 Pombal, miniſtre Portugais , aſſis au bord de la mer , très-grande Eſtampe en travers, d'après L. Vanloo & Joſ. Verret, par J. Firm. Beauvarlet.

274 Louis XVI , d'après Callet , par Ch. Cl. Bervic.

275 Les Illuſtres Français, ou Tableaux Hiſtoriques des Grands Hommes de la

France, par Nic. Ponce, d'après les deſſins de Marillier ; Quarante - quatre Pièces, petit in-fol. (compris le titre) épr. avant les adreſſes & les numéros.

276 Un double Exemplaire de pareil nombre de Pièces, mais avec les adreſſes & les numéros.

PORTRAITS PAR DIFFÉRENS MAITRES.

277 Trente Portraits, Buſtes d'Empereurs & de Philoſophes, la ſuite dite les Comtes & Comteſſes, d'après Rubens & Van Dyck, &c.

278 Vingt-neuf Portraits, d'après Vanderwerf & autres.

279 Vingt-cinq Portraits, par Poilly, Maſſon, Nanteuil, Edelinck & autres.

280 Vingt - quatre Portraits, Louis XIV, Louis XV, Boſſuet, Adr. Lecouvreur, les Cardinaux Dubois, Fleuri & autres, par les Drevet.

281 Quarante - huit Portraits , par Pitau , Vermeulen, Petit , Chereau , Cars & autres.

282 Vingt - ſept Portraits , la plupart par Lépicié, Schmidt et Wille.

283 Quarante Portraits, par Delaunay, Vangelilli, Ingouf, Saint-Aubin , &c.

284 Trente-six Portraits , par Savart, Beisson , Tardieu , Blot, Sergent et autres.

285 Portraits d'illustres Français , par Tardieu, Vangelilli & autres; quarante-huit Pièces in-4º.

286 Les mêmes Portraits double.

287 Quatre - vingt Portraits de Députés & autres.

288 Plusieurs Portraits , montés & en feuilles , feront divifés fous ce n.º

VIGNETTES.

289 Figures de la Jérufalem délivrée, d'après les Deffins de Ch. Nic. Cochin fils, par St.-Aubin, Dambrun, Delaunay, Delignon, Duclos, Lingée, Patas, Ponce, Prevoft , Simonet, Tilliard, Triere, Varin, &c. Quarante-une Pièces, in - 4 ; épr. avant la lettre.

290 Figures, pour les Œuvres de Voltaire, (édit. de Kell), d'après J. Mar. Moreau, par les plus habiles Graveurs modernes; dix livraifons in-8.º , contenant cent fept Eftampes.

291 Les Figures de la Henriade, d'après le même ; Onze Pièces in-8.º

292 Les Figures pour le même ouvrage ;
dix Pièces in-8 ; (manque celle du
premier chant, par Duclos.)

293 Les Figures pour la Pucelle, d'après
le même ; Vingt-cinq Pièces, (compris
les quatre Portraits), tirés fur papier
de foie, format in-4; épr. avant la
lettre.

294 La même fuite double, tirée fur format
in-4, papier de France ; épr. avant la
lettre.

295 La même fuite, fur papier de foie,
format in-8 ; épr. avant la lettre.

296 Trente-une Figures & un Portrait pour
le Rouffeau, in-4, édit. de Genève ;
les Figures, d'après Moreau, par différents Graveurs.

297 Les Figures pour l'Iliade d'Homère,
d'après Marillier ; Vingt-cinq Pièces
in-4. épr. avant la lettre.

298 Dix-huit Pièces in-4. de la même fuite;
épr. avant la lettre.

299 Figures pour les Œuvres de le Sage &
Prevoft, les Contes des Fées, les Voyages
imaginaires, les Naufrages, le Treffan
& le Caylus; Trois cents-cinquante-fix
Pièces, (compris les Portraits), d'après
le même, par différents Graveurs.

300 Pierres gravées de Guay, par Mad. Pompadour, Soixante-quatre Pièces, Fig. & texte collés à chaffis, fur papier d'Hollande réglé & de format in-4.

301 Un Porte-feuille de Vignettes & pièces détachées de différentes fuites, feront divifées fous ce numéro

---

RECUEILS D'ESTAMPES, GALERIES, &c.

302 Les Stucs du Vatican, d'après Raphaël, par J. Volpato, douze Pièces ; plus, fept Pièces, par J. Ottaviani, pour la fuite des voutes & des arabefques.

303 La Galerie du Luxembourg, peinte par P. P. Rubens, gravée par les plus habiles Artiftes du temps, fur les deffins des deux Nattier, Paris 1710 ; Vingt-cinq Pièces infol. compris les Portraits.

304 Deux Exemplaires de la même Galerie.

305 La Grande Galerie de Verfailles & les deux Salons qui l'accompagnent, peints par Ch. Lebrun, Deffinés par J. B. Maffé, & gravées fous fa direction, en Cinquante-deux Pièces ; le Portrait de

Maſſé, d'après Tocqué, par Wille, ſe trouve à cet Exemplaire.

306 Un double Exemplaire de la même Galerie.

307 Trois cent ſoixante-cinq Sujets, gravés d'après les Tableaux de la Galerie de Duſſeldorff, ſur vingt-ſix feuilles in-fol. oblong.

308 Tableaux, Statues, Bas - reliefs, & camées de la Galerie de Florence & du Palais Pitti, gravés d'après les deſſins de Wicar, avec explication, par Mongez, Paris, Lacombe 1782, & années ſuivantes, onze livraiſons, in-fol. Papier Joannot, d'Annonay.

309 Galerie du Palais-royal, gravée d'après les Tableaux des différentes Écoles qui la compoſent, avec deſcription hiſtorique, par Fontenay; Paris, Couché, 1786 & années ſuivantes; Vingt-huit premières livraiſons in-fol.

310 Onze livraiſons doubles, de la même Galerie.

311 La petite Galerie du Louvre, d'après Lebrun, par St.-André. Suite de Fontaines & Friſes Maritimes, d'après le même; 1 vol. in-fol. parch. v.

312 Œuvres de Nicolas Dorigny, d'après Raphaël, le Guerchin, le Dominiquain, Lanfranc, le Guide, Cigoli & l'Albane. Paris, Buldet, 1770, gr. in-fol. cart.

313 Recueil des Ouvrages gravés par les Demoiſelles Stella; Sujets du Nouveau Teſtament, Paſtorales, Jeux d'Enfans, Friſes & Vaſes, d'après Jules Romain, Nic. Pouſſin & Jac. Stella; Cent trente-ſept morceaux, compris le titre & le Portrait de Jac. Stella : le tout imprimé ſur Cinquante-quatre feuilles, gr. in fol. broché.

Volumes pour la ſuite du Cabinet National, &c.

314 Recueil de Pièces ; le grand Eſcalier de Verſailles, (Sept morceaux), d'après Ch. Lebrun ; Plafond des Petits Appartemens, quatre morceaux, & celui du Val-de-Grâce, Six Pièces d'après P. Mignard; le Plafond de Sceaux, Cinq Pièces, d'après Lebrun ; Trente-un Sujets, d'après les Tableaux de différents Maîtres d'Italie & autres qui appartiennent à la Nation, Soixante-deux

Pièces, Statues & Buſtes antiques, par Mellan & Baudet ; & Vingt-ſept grandes Pièces, d'après Ant. Franç. Vander-Meulen : en tout, Cent quarante-deux Eſtampes, dans un in-fol. rel.

315 Les Médailles antiques, en Quarante-une planche, par de la Boiſſière ; plus, les Médailles Romaines, par Giffart, &c. infol. cart.

316 Plans, Élévations & Vues du Louvre & des Tuileries, deſſinés & gravés par J. Berain, F. Chauveau & Lemoine, &c. Soixante-Statues & Buſtes antiques des Maiſons Nationales, Paris, 1629, in-fol. cart.

317 Plans, Vues & Ornements de Ver-ſailles, Cinquante-ſix Pièces, in-fol. cart.

318 Plans, Vues & Ornements de Ver-ſailles, Soixante-cinq Eſtampes ; plus, la Grotte de Verſailles ; Paris, 1679, in-fol. fig.

319 Le Labyrinthe de Verſailles, par Seb. Leclerc ; Paris 1629, in-8, mar. r. tr. d.

320 Un double Exemplaire, in-8, v.

321 Deſcription de la Grotte de Verſailles ;

Paris 1679, petit in-fol. mar. r. tr. d.
Fig.

322 Tapiſſeries Nationales, repréſentant les
Éléments & les Saiſons, accompagnés
de leur deviſes; Paris 1670 : Plus, les
Siéges de Douai & de Tournay, Alliance
des Suiſſes & défaite des Eſpagnols,
1 vol. in-fol. cart.

323 Courſes de Têtes & de Bagues, faites
par Louis XIV en 1662; Paris 1670,
in-fol. figures par Chauveau, &c.

324 Relation de la Fête de Verſailles;
Paris 1679, petit in-fol. cart. fig.

325 Deſcription générale des Invalides;
Paris 1683, petit in-fol. fig.

326 Plans, Élévations, Vues de différentes
Maiſons Nationales & autres lieux de
remarque; Cinquante-cinq Pièces, in-
fol. cart.

327 Plans & Profils, appelés communément
les petites conquêtes, ſervant à l'Hiſtoire
de Louis XIV, Quarante-une Pièces,
dont l'Arc de triomphe, par Séb. Leclerc, 1 vol. in-fol. cart.

328 Vues, Payſages, Morceaux d'Études,
&c. d'après Ant. Franc. Vender-Meu-
len, par J. Huchtenburg, Bauduins &
Genoels;

Genoels , plufieurs font compofées par ce dernier, quatre-vingt-quatre Pièces, dans 1 vol. gr. in-fol. cart.

329 Plans , Profils & Vues de Camps , Places , Siéges & Batailles , fervant à l'Hiftoire de Louis XIV, pour les années 1643 à 1697; Cent quarante-deux Pièces, d'après Beaulieu, par Colignon , Cochin , Perelle , &c. 2 vol. gr. in-fol. cart. formant les 19, 20, 21, 22 & 23 vol. du Cabinet National.

330 Recueil de Quatre cent quatre-vingt-huit Pièces , Titres , Tables , Cartes , Vues de Places & Fortifications de l'Europe , (connu fous le titre de Petit Beaulieu) , 4 vol.. in-fol cart.

331 Le même Ouvrage, 4 vol. in-4 , obl. rel.

332 Deux cent trente - quatre Pièces , du même Ouvrage, 2 vol. in-4 , obl. rel.

333 Mémoires pour fervir à l'Hiftoire des Plantes , par Dodarat , Paris 1676, in-fol. fig. rel.

334 Mémoires pour fervir à l'Hiftoire des animaux , par Perrault , Paris 1676; autres pour l'Hiftoire des Plantes , par Dodarat , in fol. fig. rel.

D

335 Recueil de plusieurs Traités de Mathématiques, de l'Académie des Sciences, Paris 1676, in-fol. rel.

336 Vue de la Machine de Marly, gravée en six planches, par P. Giffart, en 1708, d'après les dessins de Lievin-Creuil, gr. in-fol. rel.

337 Le Sacre de Louis XV en 1722; Fêtes de Strasbourg, en 1744, & deux Exemplaires, des Fêtes données à Paris en 1745, 4 vol. gr. in-fol. fig.

338 Tables Historiques, Généalogiques & Géographiques du Peuple de Dieu, &c. Nanci 1771, in-fol.

339 Le Cabinet de la Bibliothèque de Ste-Geneviéve, par Dumolinet; Paris 1692, in-fol. rel. fig.

340 Œuvres de Perronnet, contenant des Vues & détails de constructions des Ponts de Neuilly, Mantes, Nogent, Pont-Sainte-Maxence, Orléans, autres de Paris; Projets de canaux, &c. 1 vol. in-fol.

341 Le même Ouvrage, Exemplaire en feuille.

342 Nouveau Recueil d'Ostéologie & de Myologie, par Gamelin; Toulouse 1779, 2 vol. gr. in-fol. broch. fig.

343 Recueil de Deux cent vingt-fix Pièces, détails d'Architecture, Vafes, &c. la plupart par Lepautre, in-fol. rel.

341 Divers Recueils feront divifés fous ce numéro.

PLANCHES GRAVÉES.

345 Pfyché & l'Amour, d'après le Guide, par Jof. Marcorus; 12 épr. 1 planche.

346 Les petits Favoris, d'après Lavreince, gravé au lavis par Chapuy; 20 épr. 4 cuivres.

347 On y va deux, & pour pendant il n'eft plus Tems, d'après le même, au pointillé, par Steph Benoffi; 2 pl.

348 Le Pannier renverfé & le Retour de Vendange, d'après Fréd. Schall, par Etien. Beiffon; 304 épr. du premier fujet, 117 avant la lettre, le furplus avec la lettre, on trouve dans la totalité 77 épr. colorées; 2 pl. (la feconde n'a pas été mife au jour).

349 Vingt-un Sujets Libres, (compris le frontifpice), d'après Hub. Gravelot, 200 épr. 21 pl.

350 Le Triomphe de la Raifon & de la Vérité, d'après Périn, par la citoyenne

Pézard ; 240 épr., 130 sont avant la lettre, 12 en couleur, le surplus avec la lettre, 1 pl.

351 Différens Sujets Libres, gravés au lavis, d'après J. Bapt. Huet ; un paquet d'épr. 22 pl.

352 Le Cordonnier, la bonne Mere & pendant, d'après Maliet ; & un Sujet de genre, d'après Turlure ; 4 pl.

353 Deux Portraits, dont le Tourneur, d'apr. A. Pujos, par la citoyenne Lingée ; 110 épr., 61 sont avant la lettre, 2 planches.

354 Vingt-six planches, Allégories, Scènes familieres & autres ; Payfages, &c. Cet article fera divifé.

355 Plufieurs paquets & mains de papier grand aigle, colombier, nom-de-jéfus & autres qualités, tant de Hollande que de France.

TABLEAUX ET AUTRES OBJETS.

356 Deux Etudes, l'une de jeune Fille, l'autre d'Enfant, elles font peintes fur bois, par Bilcoq. Plus, dix-neuf autres Etudes de Sujets & Payfages, la plupart fur cuivre.

357 Un Canon de la Meffe, Sujets du Nou-

veau Teſtament, peint en miniature ſur trois feuilles de vélin.

358 Deux Sujets paſtorals, peints en paſtel, d'après F. Boucher.

359 Deux Sujets familiers, les têtes & les mains exécutées à gouache, le ſurplus en paille.

360 Sept Payſages à gouache, par Patel, Moreau & autres.

361 Douze Gouaches & Deſſins, Batailles, Payſages & Portraits.

362 Un Porte-feuille & un volume de Deſſins, Sujets & Etudes, par différens Maîtres. Cet article ſera diviſé.

363 Un Pantographe monté en cuivre, par Langlois.

364 Deux Microſcopes.

365 Deux Etuis de Mathématique, quatre autres pieces, Miroir ſur pied en cuivre, &c.

BORDURES DORÉES.

Bordures à gorge profil de trois pouces, à trois ornemens & épaiſſeurs dorées.

366 Une Bordure de 29 pouc. ſur 24 (4).

367 Une de 42 pouces, ſur 33.

(4) Cette Bordure & les ſuivantes, ſont meſurée d'arraſement.

368 Deux bordures de 13 pouces 6 lignes, sur 16 pouces 6 lignes.

369 Une de 16 pouces, sur 13.

370 Une de 45 pouces, sur 25.

371 Une de 36 pouces, sur 29.

Bordures à gorge profil de trois pouces, à deux ornemens.

372 Une Bordure de 30 pouces, sur 23.

273 Une de 23 pouces, sur 19.

374 Deux de 13 pouc. 6 lig., sur 16 pouc. 6 lignes.

375 Deux de 12 pouces, sur 15.

376 Une de 13 pouces, sur 16 pouces 6 lignes.

377 Une de 14 pouces, sur 11.

378 Une de 13 pouces, sur 9.

379 Une de 14 pouc. 6 lig., sur 11 pouc. 6 lignes.

380 Une de 10 pouces, sur 12.

381 Une de 37 pouces, sur 29; épaisseur non dorée.

Bordures à un ornement.

382 Une bordure de 16 pouces 6 lignes, sur 13 pouces 6 lignes.

383 Une de 15 pouces 6 lig., sur 11 pouc. 6 lignes.

384 Huit bordures de 11 pouces 6 lignes, fur 8 pouces 6 lignes.

Bordures plates à deux ornemens.

385 Deux bordures de 30 pouces, fur 24.

386 Deux de 30 pouces, fur 24.

387 Trois de 24 pouces, fur 20.

388 Une de 20 pouces, fur 17.

Bordures plates, épaiffeurs non dorées.

389 Une bordure de 27 pouces, fur 22 (à un ornement).

390 Une idem de 24 pouces, fur 20.

391 Une fans ornement, de 27 pouc. fur 22.

392 Deux de 25 pouces, fur 21.

393 Une de 19 pouces, fur 15.

394 Trois de 17 pouces, fur 14.

395 Deux de 17 pouces, fur 14.

396 Deux de 16 pouces 6 lig., fur 13 pouc. 6 lignes.

397 Deux de 13 pouces, fur 10.

398 Une noir & or de 13 pouces, fur 10.

399 Une bordure ronde, à gorge à deux ornemens, épaiffeurs dorées, diamètre 17 pouces.

400 Une bordure plate & fans ornement, épaiffeurs non dorées, diamètre 17 pouces.

401 Quarante-cinq bordures carrés & ovales, non dorées, & de différentes grandeurs.

402 Plus de cinquante bordures dorées, elles font de différentes formes & grandeurs.

MAROQUINS, CARTONS, &c.

403 Cinquante-quatre Peaux en maroquin rouge & maroq. vert.

404 Deux cents Cartons liffés, pour fatiner.

405 Mille Cartons de pâte, grand, moyen & petit formats.

406 Divers vol. en papier blanc, Porte-feuilles, Boîtes & autres Objets non décrits, feront divifés fous ce n°.

LIVRES A FIGURES.

407 La Sainte-Bible, fur la Vulgate, par le maître de Sacy. Paris, Defer de Maifon-Neuve, 1789, 4 vol. in-8. fig. de Marillier.

408 Le Nouveau Teftament, traduction de Sacy. Paris, 1793, 4 vol. très-grand in-4. fig. au nombre de quatre-vingt-quatre, d'après Moreau : épr. avant la lettre. Il n'y a eu que 12 exemplaires de ce format.

409 Le même Ouvrage , in-8. pap. vélin, fig. prem. épr.

410 *Missale Parisiense , Parisiis ;* 1738 , in-fol. mar. à compartimens & à sujet en miniature , dent. bords & bord. doublé en tabis de moire rose , grand pap. fig. renfermé dans une boîte couverte en mar. r. à gr. d. d.

411 Œuvres de Virgile , traduction française avec remarques, par Desfontaines. Paris, l'an 4 (1796), in-4. pap. vélin, fig. de Moreau ; épr. avant la lettre , le premier vol.

412 Le premier vol. du même Ouvrage , format in-8. papier vélin.

413 Fables de la Fontaine , par Fessard. Paris, 1765 & suiv. 6 vol. in-8. fig.

414 Un double exemplaire.

415 Œuvres de Racine , avec les commentaires de Luneau de Boisjermain. Paris, 1768 , 7 vol. in-8. mar. r. tr. d. fig. d'après Gravelot.

416 La Pucelle d'Orléans. Paris , de l'imprimerie de la Société , 1789 , 2 vol. in-8. pap. vélin , 2 exempl.

417 Les Aventures de Télémaque, par Fénélon. Paris, Didot jeune , 1790 , 2 vol. in-8. pap. vélin , 3 exempl.

418 Les Amours de Pſyché & de Cupidon ,
par la Fontaine. Paris, l'an 3 , in-4. pap.
vélin , fig. d'après Moreau ; épr. avant
la lettre , tirées ſur pap. de ſoie.

419 Le même Ouvrage, pap. vélin , fig.

420 Œuvres de Pope. Amſterdam & Leipzig,
1758 , 8 vol. in-12. v. fil. fig.

421 *La Géruſalemme liberata, di Torquato
Taſſo.* Paris , Didot aîné, 2 vol. in-4.
pap. vélin , fig. d'après Cochin ; épr.
avant la bordure, exempl. en feuille.

422 Le même Ouvrage, fig. avec la bordure.

423 Le Décameron de J. Bocace. Londres,
1757, 5 vol. in-8. v. éc. fil. tr. d. fig.
d'après Gravelot.

424 Contes de la Fontaine. Amſterdam ,
1762 , 2 vol. in-12. fig. d'Eiſen (édit.
dite des Fermiers-généranx).

425 Œuvres de le Sage. Amſterdam & Paris,
1787, 15 vol. in-8. fig. d'après Marillier.

426 Le Cabinet des Fées. Amſterd. & Paris,
1785, 41 vol. in-8. fig. ibid.

427 Œuvres de Prevoſt. Amſterd. & Paris,
1783 , 39 vol. in-8. fig. ibid.

428 Voyages imaginaires. Amſterd. & Paris,
1787, 39 vol. in-8. fig. ibid.

429 Œuvres Badines de Caylus. Amflerdam & Paris, 1786, 12 vol. in-8. fig. d'après Marillier.

430 Œuvres de Jean-Jacq. Roufleau. Kell, 1783, 34 vol. in-18. fig. au nombre de vingt-fept, par Delongueil, Delaunay, Ingouf, Macret, Ponce & autres ; épr. avant la lettre.

431 Œuvres de Voltaire. Kell, 1785, 70 vol. in-8. pap. vélin, fig. d'après Moreau, par les plus habiles Graveurs modernes (exempl. en feuille).

432 Voyage Pittorefque de la Grêce, par Choifeul-Gouffier. Paris, 1782, in-fol. fig. (exempl. en feuille).

433 Voyage Pittorefque de Naples & Sicile, par Saint Non. Paris, 1781 & années fuivantes ; 5 vol. in-fol. fig. au nombre de plus de 500 (exempl. en feuille .

434 Tableaux de la Suiffe, publiés par de Zurlauben & de Laborde. Paris, 1780 & années fuivantes, 5 vol. in-fol. fig. (exempl. en feuille).

435 Tableau général de l'Empire Othoman. Paris, 1787, 2 vol. grand in-fol. fig. cart.

436 Les Hommes illuftres de Plutarque, tra-

duction d'Amyot. Paris, Cussac, 1783,
22 vol. tirés sur in-4. papier fin, fig.
d'après Moreau, le Barbier & autres;
épr. avant la lettre; le 17 vol. est double.

L I V R E S.

437 Bibliothèque des Peres de l'Eglise. Paris,
1758, 9 vol. in-8. v. & Instruction
Chrétienne. Paris, 1671, 5 vol. in-8. v.

438 Sermons & Pensées de Bourdaloue.
Paris, 1726 & 1758, 17 vol. in-12. v.

439 Bibliothèq. du Théâtre-Français. Dresde,
1768, 3 vol. in-12. v. fig.

440 La Bible, par Sacy. Paris, 1717, 4 vol.
in-fol. rel. fig.

441 Recueil de pièces sur les Assemblées
nationales & législative, depuis 1791
jusqu'au 8 Mai 1794 an 2e.; 48 vol.
in-8. cart. à dos. en v.

442 Mémoires de Sully. Londres, 1752,
8 vol. in-12. v. fil.

443 Œuvres de Rablais. Amsterdam, 1725,
5 vol. in-12. v.

444 Ecole du Jardinier fleuriste. Yverdun,
1767, petit in-12. mar. r.; Secret de
la Nature. Paris, 1779, 4 vol. in-12. v.

445 Le Pilote de l'ifle de Saint Domingue
& des Débouquemens de cette ifle,
publié en 1787. Paris, de l'imprimerie
royale, gr. in-fol. fig.

446 Entretiens fur les Vies des Peintres, par
Feliben. Amfterdam, 1706, 4 vol.
in-12. v.; le Peintre amateur, par Men-
faert. Bruxelles, 1765, in-12.

447 Cours de Mathématique, par Belidor.
Paris, 1725, in-4. rel.; & les Loix des
Bâtimens, par Defgodets. Paris, 1777,
in-8.; le Bombardier français. Paris,
1731, in-4. v. fig.

448 Abrégé de l'Hiftoire de France, par
Mézerai, 1696, 7 vol. petit in-12. v.;
de l'Hiftoire d'Angleterre, par Rapin
Thoyras, 1730, 10 vol. in-12.

449 Efprit de l'Encyclopédie. Genève, 1768,
5 vol. in-12. v. 2 exemplaires.

450 Encyclopédie littéraire. Paris, 1772,
3 prem. vol. in-8. v. fil.

451 Dictionnaire des Sciences & Arts. Paris,
Lacombe, 1776, 3 vol. in-8. mar. r.
fil. & tr. d.

452 Dictionnaire des Arts & Métiers, par
Jaubert. Paris, 1773, 5 vol. in-12.
mar. r. fil. & tr. d.

453 Vie des Peintres flamands , allemands & Hollandois , par J. B. Defchamps. Paris, 1754, 4 vol. in-8. Portraits par Et. Ficquet & autres.

454 Hiftoire générale & politique de Pufendorff. Amft. 1738 , 9 vol. in-12. v.

455 Hiftoire des Peuples du monde, par Contant-Dorville. Paris, 1770, 6 vol. in-8. v.

456 Magafin des Enfans , des Adolefcens , des Dames & des Pauvres. Lyon, 1763 & années fuivantes, 9 vol. in-12. v.

457 Monumens du Culte fecret des Dames Romaines. Rome, 1787, 2 vol. in-8. fig.

458 Origine des Cultes, par Dupuis. Paris , l'an 3 , 3 vol. in 4. fig.

459 Manuel des Négocians. Lyon , 1762 , 3 vol. in-12. v.

460 Effai de Montaigne. Londres , 1749 , 10 vol. en 5 , in-12. v.

461 Le Spectateur ou le Socrate moderne. Amfterd. 1741 , 6 vol. in-12. v. fig.

462 Journal du règne d'Henri III. Cologne , 1720 ; celui du règne d'Henri IV. La Haye, 1741 , 7 vol. in-12. v.

463 Hiftoire ancienne, de Rollin. Paris , Etienne, 1740, 14 vol. en 13 , in-12. v.

464 Le grand Théâtre du Monde. Leyde,
1703 , 5 vol. in-fol. rel. en 3 vol. fig.

465 Dictionnaire français & latin, par Joubert.
Paris , 1725 , in-4. mar. r. fig.

466 Dictionnaire de la Langue française, par
Richelet. Lyon , 1759 , 3 vol. in-fol.
v. porph. fil.

467 Histoire de Dom-Quichotte. Paris, 1722,
6 vol. in-12. v. fig.

468 Les cent Nouvelles de madame de Go-
mez. Paris, 8 vol. in-12. v.; le Conte
du Tonneau, par Swift , 1756, 2 vol.
in-12.

469 Histoire naturelle de Buffon. Paris, de
l'Imprimerie royale, 1749 ; 3 premiers
vol. in-4. rel. fig.

470 Dictionnaire d'Histoire naturelle , par
Valmont de Bomare. Paris, 1775, 6 vol.
in-4. v. fig.

471 Flore française , par de la Marck. Paris,
de l'Impr. royale, 1778 , 3 vol. in-8.

472 Spectacle de la Nature. Paris, 1732,
8 vol. en 9, in-12. v.; & l'Histoire du
Ciel, 1757 , 2 vol. in-12. v.

473 Dictionnaire Typographique d'Osmont.
Paris, 1768, 2 vol. in-8. v. mar.

474 Œuvres Posthumes de Frédéric II, Roi
de Prusse. Berlin, 1788 , 16 vol. in-8.

475 L'Efprit des Journaux; 60 vol. in-12. années 1784, 85, 86, 87 & 89.

476 L'An deux mille quatre cent quarante, 1786, 3 vol. in-8. fig.; le Tableau de Paris. Amfterd. 1788, 8 vol. in-8.

477 Telémaque, par Fénélon. Dijon, Cauffe, 1791, 2 vol. in-8. pap. vélin.

478 Dictionnaire de Trévoux. Paris, 1771, 8 vol. in-fol.

479 La France illuftre, ou le Plutarque franç. par Turpin, 49 cahiers in-4. fig.

480 Encyclopédie méthodique (Manufacture & Arts). Paris, 1785, 3 prem. vol. in-4. demi-rel.

481 Imitation de Jefus-Chrift. Paris, Didot aîné, 1788, in-4.

482 Paul & Virginie, Jehan de Saintré, Gérard de Nevers & Vert-Vert; 4 vol. in-18. pap. vélin, fig. de Moreau; épr. avant la lettre; le premier vol. rel. en mar. r. tr. d.

483 Dictionnaire Géographique de la Martinière. Paris, 1768, 6 vol. in-fol. v. Porph. fil.

484 Voyage du jeune Anacharfis en Grèce, par Berthelmi. Paris, Debure, 1790, 7 vol. in-8. & l'atlas in-4.

485 Théâtre des Grecs, par Brumoy. Paris, Cuſſac, 1785, 13 vol. in-8. fig. cart.

486 Hiſtoire des Juifs, de Flavius Joſeph, traduction revue par Arnault-d'Andilly. Paris, 1717, 12 vol. in-12. mar. r. fil. & tr. d. (papier réglé).

487 Hiſtoire philoſophique & politique de Thomas Raynal. Genêve, 1780, 10 vol. in-8. fig. de Moreau, & l'atlas, in-4.

488 Mémoires pour ſervir à l'Hiſtoire des Inſectes, par Réaumur. Paris, de l'Imprimerie royale, 1734, 6 vol. in-4. fig.

489 Mémoires & Procès-verbaux du Clergé, 39 vol. in-fol. rel.

490 Nouvelles écléſiaſtiques, 23 vol. in-4. reliers.

491 Tableaux de la Révolution françaiſe, vingt-ſix premières livraiſons in-fol.

492 Le même Ouvrage, ſept livraiſons, nº. 10 à 16.

493 Cérémonies religieuſes. Paris, Laporte, 1783, 4 vol. petits in-fol. fig. de B. Picart.

494 Grand nombre de Livres rel. & brochés, non-décrits au Catalogue, feront vendus au commencement de la Vacation des Livres.

ORDRE DE LA VENTE

PREMIÈRE VACATION,

Du 17 Vindémiaire, an 7.

ESTAMPES ENCADRÉES ET EN FEUILLES.

Numéros 1, 2, 3, 10, 11, 20, 24, 28, 31, 35, 41, 81, 82, 83, 84, 85, 88, 89, 90, 91, 92, 105, 106, 110, 111, 120, 121, 136, 141, 142, 147, 151, 152, 161, 162, 164, 165, 167, 168, 169, 177, 178, 190, 191, 192, 193, 194, 195, 196, 197, 198, 199, 200, 201, 202, 203, 204, 205, 206, 207, 247, partie; 248 partie; 249, 250, 251, 287, 288, partie.

TABLEAUX ET AUTRES OBJETS

Numéros 356, 357, 358, 359, 360, 361, 362, 363, 364, 365.

BORDURES DORÉES.

Numéros 366, 367, 368, 369, 370, 371, 372, 373, 374, 406, partie.

DEUXIÈME VACATION,

Du 18 Vindémiaire.

ESTAMPES ENCADRÉES ET EN FEUILLES.

Numéros 8, 13, 14, 18, 27, 29, 30, 34, 39, 42, 43, 45, 46, 47, 48, 49, 50, 52, 54, 56, 57, 101, 102, 103, 104, 107, 108, 113, 118, 119, 123, 127, 130, 132, 133, 135, 138, 139, 140, 144, 146, 150, 157, 176, 208, 209, 210, 211, 212, 213, 214, 215, 216, 217, 218, 219, 220, 221, 222, 223, 224, 225, 226, 247, partie; 248, partie, 256, 257, 262, 263, 270, 271, 272, 273, 277, 278, 279, 280, 281, 282, 283.

BORDURES DORÉES.

Numéros 375, 376, 377, 478, 379, 380, 381, 382, 383, 406, partie.

TROISIÈME VACATION,

Du 19 Vindémiaire.

ESTAMPES ENCADRÉES ET EN FEUILLES.

Numéros 6, 12, 15, 16, 17, 21, 22, 26, 33, 38, 40, 58, 59, 62, 63, 64, 65, 66, 69, 70, 72, 73, 75, 77, 80, 55, 96, 97, 98, 99, 100, 115, 116, 117, 149, 153, 154, 156, 159, 160, 163, 166, 170, 171, 172, 173, 174, 175, 227, 228, 229, 230, 231, 232, 233, 234, 235, 236, 237, 238, 239, 240, 241, 242, 243, 244, 245, 246, 247, partie; 248, partie; 252, 253, 254, 255, 260, 261, 265, 266, 267, 284.

BORDURES DORÉES.

Numéros 384, 385, 386, 387, 388, 389, 390, 391, 392, 406, partie.

QUATRIÈME VACATION,

Du 21 Vindémiaire.

ESTAMPES ENCADRÉES ET EN FEUILLES.

Numéros 4, 5, 7, 9, 19, 23, 25, 32, 36, 37, 44, 51, 53, 55, 60, 61, 67, 68, 71, 74, 76, 78, 79, 86, 87, 93, 94, 109, 112, 114, 122, 124, 125, 126, 128, 129, 131, 134, 137, 143, 145, 148, 155, 158, 179, 180, 181, 182, 183, 184, 185, 186, 187, 188, 189, 247, partie reftante; 248, partie reftante; 258, 259, 264, 268, 269, 274, 275, 276, 285, 286.

PLANCHES GRAVÉES, &c.

Numéros 345, 346, 347, 348, 349, 350, 351, 352, 353, 354, 355.

BORDURES DORÉES.

Numéros 393, 394, 395, 396, 397, 398, 399, 400, 401, 402, 406, partie.

CINQUIÈME VACATION,

Du 22 Vindémiaire.

VIGNETTES, RECUEILS D'ESTAMPES ET LIVRES A FIGURES, &c.

Vignettes, numéros 289 à 301 compris.
Recueils d'Eſtampes, Galeries, &c. numéros 302 à 344 compris.
Maroquins, Cartons liſſés, &c. numéros 403 à 405 compris.
Livres à figures, numéros 407 à 436 compris.

SIXIÈME VACATION,

Du 23 Vindémiaire.

LIVRE

Numéros 437 à 494 compris.

Nota. On vendra au commencement de cette Vacation, grand nombre de Livres rel. & brochés, qui ne ſont pas décrits au Catalogue.

A Paris, de l'Imprimerie de Quillau, rue du Fouare numéro 2, Diviſion du Panthéon-Français.